TENNEMANN

Buch- und Musikverlag
Gartenweg 30c, 19057 Schwerin
Telefon: 0385 77501
www.tennemann-media.de

De ümfallen Schauh
1. Auflage 2022
Autor: Horst Hasselmann
Illustrationen: Günter Endlich
Layout & Satz: ri publish web & print
Inh. Ribana Klauke, Neustrelitz
Herstellung: TENNEMANN media
Printed in Germany
ISBN: 978-3-941452-88-6

Der Text des Buches folgt der plattdeutschen Schreibweise des Autors.

Dieses Buch ist auch als E-Book erschienen.
E-Book-ISBN: 978-3-941452-95-4

Das Gesamtangebot des TENNEMANN-Verlages finden Sie unter: www.tennemann.com

Horst Hasselmann

De ümfallen Schauh

Riemels un Läuschen taun Läsen un Vörläsen

Mien Muddersprak

Drum Bröder an de Waterkant!
Holt hoch wat unverdorben;
Holt hoch uns' Sak,
Uns' plattdütsch Sprak,
In de uns Öllern storben;
In de as Kind
Wi tagen sünd,
In de uns Kinner lallen, –
Uns lewe plattdütsch Muddersprak,
De best un schönst von allen!

Rudolf Tarnow

Vörher tau läsen

Na dem ik man grad in de Grundschaul läsen liehrt heff, hett mi mien Vadder dorup henwiest, dat in sienen Bäukerschrank doch de „Burrkäwers" von Rudolf Tarnow stünden. Ik süll mal versöken, de tau läsen, dat wier lustig. Ik künn platdüütsch ganz gaud verstahn, in Kraug von mien Öllern wür ja väl platt snackt. Up disse Oort un Wies bün ik tau dat Platt kamen un een groten Verehrer von dissen Schriftsteller. Hentau kümmt, dat ik mit mien Frünn' na dat Abitur ümmer platt snackt heff, wi wullen, dat uns an de Ostsee de Sachsen nich verstahn.
Vör ungefihr föftich Johr bün ik anfungen, Läuschen un Riemels allerdings up hochdüütsch tau schrieben, Wie wahnten ja all in Thüringen. Öwer trotz des Wechtochs ut Mäkelborg heff ik ümmer noch sihr vähl plattdüütsche Böker

sammelt un läst. Un dat Ingangsgedicht von Rudolf Tarnow hett mi dortau bröcht, ok mal wat up platt tau schrieben. Vör allem öwer ut den Grund, dat wat för disse schöne Sprak makt warden möt, dormit se erhollen blifft. So sünd denn in Lop der Tiet ne ganze Reich von lütte Riemels un ok na un na grötere un sogor ne Reich von Läuschen up Plattdüütsch bi rutkamen. Dorbi is un ward mien Fru ümmer de Lektor för allens sien. Se snackt nich sihr gaud platt, kann dat öwer gaud läsen. Se secht mi ümmer, wat eer geföllt, wat ut eer Sicht gaud is un wat ik noch ännern möt. Disse ganzen Riemels heff ik nu een lütt bäten sortiert un in dit lütt Bauk tausamen fat't. In dat ierst Kapittel heff ik all mien Ratsläg rin schräben. In dat tweite Kapittel steiht wat öwer Köter un Katt un öwer anner Diere. Wi läsen und kieken sihr väl öwer allens wat kreucht un fleucht und harn all allens mögliche an Veihtüch. Dat dann folgende Kapittel vertellt wat öwer uns Ehe, öwer Kierl un Fru ut dat eegen Erläben, öwer ok öwer uns Gören un uns Oma. Un in den letzten

Deel kannst wat läsen öwer de Lüd. Wenn du de Oogen upmaken deist un di de Minschen up de Strat un annerswo mal neger akiekst, denn findest du nauch Saken, öwer de sik tau schrieben lohnt. Un manch een wohre Geschicht is ok dorbi.

Nun wünsch ik jeden bi't Läsen väl Spass und Amüsemang!

Horst Hasselmann
Weimar, September 2022

Ratsläg kamen nu
för Jedermann un Jedefru

Dat sast bedenken

In hüt'ger Tied is nich gefragt,
wer öller is und all betagt.
Man ward dat mit de Jungen hollen,
wat tellen dor denn all de Ollen.
Över de, de up dat Jungvolk setten,
de sallen man dat nich vergäten,
dat de, de man för jung ward hollen,
in korten tellen ok tau de Ollen.

Henfallen und upstahn

Föllst mal in'n Läben up de Näs,
dat's nich slimm , mak keen Gewäs.
Doch een mötst maken, gliek und fuurts,
wedder upstahn na so'n Sturz.

Sühst nicks?

As Kierl kannst Du bi väle Frugen
in Oogen kieken, schön und schick.
Doch wat Du sühst, kannst ni nich trugen,
denn wat se denken, süst du nich.

In Inklang bringen

In't Läben ümmer wedder hüttaudach
steiht blot na Tiet un Geld de Frach.

Hest du een Job un dormit Geld,
so ist's de Tiet, de di oft fählt.
Un öwer Tiet, wat sick woll seggen lött,
verfücht nur de, de wo keen Arbeit hett.

Nu iss et schnurz, wo up de Ierd,
dat Läben di hett insortiert,
een möt di ümmer stets gelingen,
in Inklang Geld un Tiet tau bringen.

Falsche Tön

Wenn Du bi de Musik
mal falsche Tön deist singen,
so warden de ok ficks verklingen.
Doch mank de Minschen falsche Tön
ergäben veelmals een Problem.

Un för de Geschichte de Moral:
Wenn Du wat sechst, denn denk ierst mal.

Wann kümmt Di een Kakbauk to pass

Dat Äten ist's, wat up de Welt,
de't Minschen Lief tausamen hölt.
Un de Kierl, de is lech man an,
bi den de Fru nich kaken kann.
För sonne Mannslü sei hier secht,
wie de an besten kamen taurecht.

Is hei up Meddach sihr versäten,
sall hei in't Gasthus bäder äten.

Doch tweitens kann man em ok raden,
dat sülben hei mökt sienen Braden.

Wer öwer hett sien Fru sihr giern,
sall sick bit Äten nich verfiern,
mütt äten, wenn't schmeckt ok nicht,
all dat wat up den Töller licht.

Doch so een Kakbauk mit sihr väle Sieden,
lött hoffen em up bädere Tieden.

Vörwarts kieken

Dat ward in'n Läben oft so sien,
dat Sorgen quälen Di und Pien.
Kümmst bäder trecht as Optimist,
hoffst, dat dat morgen anners ist.

Wenn't Di nich gaut geiht

Villicht ward dat bi Di in'n Läben,
mal af un tau ok Tieden gäben,
wo nicks kannst Du tau'n Enn'n bringen
un gor nicks ward Di mihr gelingen
Steiht Di dat Water bet tau'n Hals,
so rad ick Di hüt jedenfalls:
Lat ja nich Dienen Kopp denn hängen,
süs süppst Du af und büst an Enn.

Ratslag för't Verlieren

Up disse Ierd, so wie Du sühst,
Du välmals nich Gewinner büst.
Un so büst Du in Dienen Läben
mal af und tau ok ünnerlägen.

In'n Sport, in'ne Eh' orrer in'n Job
krichst Du dor eenen up'n Kopp,
war'n annere sick amüsieren,
kannst Du mit Anstand nich verlieren.

Un de Moral von de Geschicht:
So eenfach is verlieren nich!
Doch wiest Du Grinsen anstatt Frust,
mökst Du Gewinn ok bi'n Verlust.

Dörchhollen

Ick will Di't seggen hüt tau'n Trost,
bliew stark, ok wenn üm Di dat Läben tost.
Warst Du mal keenen Holt mihr finnen,
steihst up de Läbensledder ganz wiet ünnen,
so giff üm Gottswillen nich gliek up,
denn een's Dachs geiht't wedder rup.

Notwennigkeiten

Jede öll're Fru hett dat in't Hart,
dat se ok bald eis Oma ward.
Doch dat geiht blots, dat is gewiss,
wenn se ok eene Mudder is.

PS:
Doch von Bedüdung is de Sicht,
ganz ohne Kierls geiht dat ok nicht!

Ratslag för de Eh’

Bädeer is een Löw eis an de Mähn tau treggen,
as dien eegen Frau tau seggen
– un dat, dat is bestümmt woll wohr –
dat du nu sühst eer ierst gries Hor.

Mihr Arger bring’t di in un Pien
un ward ok noch väl leeger sien
wenn du büst wedder mal nich nett
und eer denn sechst: „O, büst du fett!“

Deswägen ist dat gor nicht slicht,
wenn in de Eh’ man ok mal lücht,
un dat tau de geeigent Tiet,
denn giff’t bestimmt väl wen’ger Striet.

Up und dal

So eenfach is dat mihrstens nicht,
wenn butts een Minsch na baben sticht.
Denn eens si dorbi woll bedacht,
manch een ok wedder rünnerkracht.
Dorüm ist Vörsicht stets geboten
un allens ist gaut uttauloten.

Wie in'n Läben

Bi't Wannern is dat wie in'n Läben,
licht geiht de Wech, de ümmer äben.
Schworfallen ward di dat na baben,
büst ganz alleen, von keenen schaben.
Un ierst na ünnen dann barchaff,
geiht dat ganz ficks in'n Driewendraff.

Du sühst nicks, kümmst in een Dal tau stahn,
dorüm sast ümmer Du na baben gahn.

Lütt Ursaken

Up'n Barch kümmt vör, und ok in'n Läben
kann dat mal hen un wedder so wat gäben:
Bringst Du taun Rullen eenen Steen, kannt sien,
dat dorut ward ficks ne Lawin.

Zum Gipfelkreuz
4,2km

Inne Gäng kamen

Hest Du eis een Problem tau lösen,
nützt nicks, lang för sick hen tau dösen.
Lang öwerleggen bringt nicks in,
man gliek up dal, nur dat mökt Sinn

Öwer anner räden

Wi gaud is öwer manch een räden,
vör allem, wenn hei nich taugägen.
Un dorbi ist's denn ficks passiert,
dat hei in't Anseihn demoliert.
Drüm mark Di, is et ümmer slicht,
sechst Du em dat man sülben nicht.

Wi man mit Steen ümgeiht

Ick müch, dat dat man ficks erkannt ist,
wat dat mit Steen hett för'n Bewandnis:

De Plastersteen

Plaster is mit grote Steen
de Läbenswech von jeden een.
Gah öwer hen, mak di nich bang,
gah dienen Wech man grad entlang.

Steen in Wech

Un denn gifft ok noch so'ne Lü,
Steen legg'ns Di in'n Wech mit sihr väl Müh.
Dat eer dat ward nie nich gelingen,
mötst du de Dinger öwerspringen.

Wenn Du de Steen taun Anstöten büst

In'n Läben bist du ok mal af un an
de Steen, wo manch een anstöt dann un wann.
Doröwer sast di nich errägen,
de annern möten dormit läben.

Steen taun Rullen bringen

Bringst du een Mal den Steen taun rullen,
ok wen de Annern dat nich wullen.
Lat dat man sienen graden Lop,
denn allens kümmt gewiß tauhop.

Noch een Ratslag

Mal af un tau ward't in Dien Läben,
sick eenmal ok so wat ergäben,
dat irgendwat för Di is blümerant,
steihst mit den Rücken an de Wand!

Wenn anner dat ok sihr giern mögen,
mötst Du de Sak akrat beögen.
Und denn möt man sick infach trugen,
möt up de egen Stärk vertrugen!

Nich afsupen

Villicht ward dat bi di in'n Läben,
mal af un tau ok Tieden gäben,
wo nicks du kannst tau'n Enn'n bringen
un gor nicks ward di mihr gelingen.

Steiht di dat Water bet tau'n Hals,
so rad ick di hüt jedenfalls:
Lat ja nich dienen Kopp denn hängen,
süs süppst du aff un büst an Enn.

Dor mötst an denken

Manch een geiht doch eis ganz behend,
mal af un tau in sien Eh' fremd.
Un dorbi ward't ok oft passieren,
dat manche eeren Kopp verlieren;
vergäten denn de Treueschwur,
et tellt dat Schöne, Niege nur.

Na een por Jahr is't Niege hier,
äbenso wie ok dat Olle wier.
Tau lat kümmt dat denn in den Sinn
man süht nu sienen Fähler in.
Drum denk dor vörher ok man an,
dat die dat nich passieren kann.

Ratslag för den Ehekrach

Lichst mit Dien Fru Du mal in Striet
denn is dat oft ok all so wiet:
Du nümmst denn eenfach Diene Plünnen,
haugst af, warst för ne Tiet verschwinnen.
För dissen Fall heff ik parat,
för Di den eenen gauden Rat:
Besup Di nich, dat mökt keen'n Sinn,
denn warst tau Hus Du wedder sin,
ward allens dat noch eis so swor,
denn Diene Fru, de steiht nu duppelt dor.

Gebot för Schwiegermüdder

Sünd junge Lüd denn man tausamen
und tu Besök ward Schwiegermudder kamen,
denn ward dat mancheis deshalb rasseln,
wiel ümmer se dormang möt quasseln.

Dorüm is dat Gebot der Stund':
As Schwiegermudder holl den Mund!

Tauspruch

Lat di man hüt nur seggen äben,
een Jeder hett sien Last tau drägen.

Un denkst du mal, dat geiht nich mihr,
steihst näb'n de Lebensledder up de Ierd,
so markst du eenet Dachs denn doch,
dat geiht so na un na doch wedder hoch.

Ok bi den grötsten Sturm kann ik di raden,
beholl dien Kopp man ümmer baben.

PS:
Un ward di gor nicks mihr gelingen,
denn denk an Götz von Berlichingen.

Tauversicht

Dat ward in Läben oft so sin,
dat Sorgen quälen di un Pien.
Doch blief man ümmer Optimist
un hoff, dat't morgen bäder is.

Von Köter un Katt
un von anner Veihtüüchs wat

Köter un Katt

Mannigmal da hürst du datt:
De mögen sik as Hund un Katt!
Un dormit is denn so de Sak,
dat een nu nich den annern mak.

Ok bi dat Veih ward man so gahn,
en kann den annern nich verstahn.
Denn fangt de Köter an tau knurren,
hürt sik dat an as Kattenschnurren.

Freucht sik nu oewer unsen Hund,
denn geiht sienen Steert so kiewig rund.
Doch bi de Katt is dat dat Teiken, dass
se ornlich bös, richtig in Brass.

Een Fründschaft kann sick nich gestalten,
dörch den andern sien Verhalten,
wiel se den andern nich verstahn.
So ward ok oft bi Minschen gahn!

Denk mal öwer na orrer Inordnung in de Natur

Up'n Acker un ok in dat Hus,
as Schädling tellt de lütte Mus.
So is dat ut det Minschen Sicht,
för anner öwer gelt dat nicht.

Denn för den Voss un ok för Vögel
is se taun Fräten in ne Rägel.
So sühst Du, ist't in de Natur.
Doch dat gilt man för Müs nich nur.

Ob grot, ob lütt, wie Du dat sühst,
in de Natur woll allens nützlich ist.
So sech ick dat in eenen Satz:
Een Jeder hett dor sienen Platz!

Un de Rückwech?

De Tierarzt steiht för siene Dör,
dor führt Hein Timm mit'n Auto vör.
„Mien Fru packt ficks de Katt noch in
un kümmt denn furts tau Se hier hin.
Herr Dokter, gäben's eer dann man so'n Sprütt,
ik har an Se diss grote Bitt',
dat se so sachte, lies und got
von't Läben slöppt denn in den Dod."
„Dat," secht de Doktor tau Hein Timm,
„dat's keen Problem, is gor nich slimm.
Doch eene Frach, de har ick nur,
find denn de Katt alleen retur?"

Aal – Made in'ne DDR

In ne DDR-Tiet gäf dat selten mal
den sihr begihrten Rökeraal.
Un wiel't keen'n gäf – ut dissen Grund –
mök disse Rädensoort de Rund':
Wiel man den'n Aal in Düstern angelt,
ward hei denn ok in Düstern hannelt.

Straf möt sien

Oll Schulten fägt up eenenmal
vör't Hus up eere Nawersch dal.
De öwer weit nich, wat se will,
doch Schulten's Mul, dat steiht nich still:
„Nu heff ik dat bi lütten satt
mit Seer grote schwatte Katt,
se is up den Balkon rupstägen
un hett den Papagei tau faten krägen.
So ist't passiert, Schock schwere Not,
mien hübschen Vagel is nu dot!"
De Nawersch drup in ruh'gen Ton:
„Ick dank Se för de In-for-ma-ti-on,
nur dörb ik dat man nich vergäten,
de Katt kricht hüt nicks mihr tau fräten!"

De Stammbom

Korl geiht mit sienen Hund spaziern,
hei möt em wedder ut mal führen:
Un in den Park dor an de Pappel,
dor kümmt ne Olsch mit eeren Dackel,
se kümmt em jüstemang entgägen.
Un as se grad bi Paul dornäben,
ward se in Positur sick stellen
un mit em anfang'n tau vertellen:
„Wat is dat för een schönet Diert,
de is bestimmt väl Geld ok wiert?
Wi ward denn Seer Hund woll heiten?"
wull se nu noch as Nächstet weiten
un seer Mulwark höllt nich still,
wiel se noch väl mihr fragen will.
„Wat frett hei den, kricht hei ok Knaken,
ward'n Se denn extra för em kaken?
Und seggen's mal, möt denn dat sien,
möt hei denn ümmer an de Lien?"
Paul har de Näs bi lütten vull,
as se denn nu noch weiten wull,
„Hett denn nen Stammbom ok eer Diert?"
mit sien Geduld tau Enn'n nu wiert:
„Nu stellen se sik dat mal för,
ne grote Eick vör unse Dör!"

Nich so düer

Up Achs is hüt nu Heiner Mundt,
hei will sick köpen eenen Hund.
Nur weit hei nich so recht denn wecken
un ward nu mit den Züchter spräken:
„Hei möt bewachen Hus und Stall,
ik weit nich, wat ick nähmen sall!"
„Den Groten kann ik Se anpriesen!"
un ward up eene Dogg henwiesen.
Ob hei den Postboten denn ok mach,
is Heiner siene nächste Frach
un ward woll nu up Utkunft luern,
doch mit de Antwuurt ward dat duern:
„Billiger ist't, dat heff'k vergäten,
gäben Se em ut de Dos tau fräten!"

Een Hundeläben

Ganz ünnen in't Hus de oll Fru Brümmer,
de har noch ni nich eegen Kinner.
Un deshalb keem denn irgendwann
eer Kierl mit'n lütten Köter an.

Wat wier dat nu för een Mallür
mit disset lütte Hunnedier.

Taun Fräten sülfst hett se em makt,
Lung un Läwer extra kakt.
Und af un an dor middenmank
geeft Leckerli so ut de Hand.

Den Waldi is dat gaut bekamen
tüchtig hett hei ok taunahmen,
vör allem wiel hei hett väl Schonung
den ganzen Dach blot in de Wahnung.

An Morgen geiht dat jüstemang
man eenmal kort de Strat entlang.
Ok abends müsst man sick sputen,
Utlop geeft för teihn Minuten.

WALDI
*4.4.2000
†4.4.2005

Un bi dat Utgahn müsst dat sien,
dat antüdelt hei is an de Lien,
wiel hei süss eenfach wech ward rönnen.
Ok „Sitz“ und „Platz“ wür hei nich kennen.

Dat Eenzig wat bi em hett klappt,
dat hei nich in de Stuf rin kackt.
In Lähnstaul leech hei an’n Dach
un bi sien Fru in Bedd de Nacht.

Winters kreech hei gägen’t Frieren
wat Süllfstgeknütteltes üm siene Nieren
un jeden Fridach so Klock achten,
dor wür gebadet noch ganz sachten.

In Bäuker würden se nicks läsen
öwer de Hunn un ok eer Wäsen.
So wier de Waldi denn wohl ümmer
nur een Ersatz för fählend Kinner.

Und de Moral von de Geschicht:
Hundgerecht wier dit all nicht!
So duerte fief Johr sien Läben
un dot is Waldi denn eis bläben.

Dorup will ik henwiesen

Dat Veihtüch ward, is et bi't Fräten,
to meist allens ringsherüm vergäten.
De Hunger ward de Diere lenken,
denn dorbi warden se nich denken.

Wenn hei bi't Drinken un bi't Äten,
de Folgen eenfach ward vergäten,
ward't oft bi'n Minschen ähnlich sin,
hei schaltet sien Gehirn nich in.

So rad ik di, büst du bi't Äten,
sast du dien Taukunft nich vergäten!
Denn Gabel, Löffel hemm all oft,
den Dod inbröcht, ganz unverhofft!

Anmerkung:
Dass Tiere nicht denken können, ist heute wissenschaftlich wiederlegt. Dazu gibt es eine Reihe von Literatur.

De Fomilie, se un ik –
öwer langet Eheglück

Een Mann, een Fru

In unse Welt, o wecker Not,
schlöcht manch een siene Tiet noch dot
un treckt sick in sick sülfst taurüch,
söcht ganz alleen dorbi sien Glück.

Doch Väles is so wunnerbor,
geihst dörch dat Läben du as Por.
Bi't Danzen dor sühst ümmer du,
dor danzt tausamen Mann und Fru.

Väl schöner is't ok bi dat Wannern,
löppt näben di denn noch een anner.
Und ok dat Bier schmeckt bäder un de Wien,
wenn noch een Tweit' dorbi ward sien.

In eenen Leed heit dat, in'n Bedd
is's doch so wunnerbor un nett.
Lichst du schön weik so dann in Düstern,
denn kannst du ok so richtig schmüüstern,
di wart denn ok ganz ficks noch warm,
hest du in Bedd jemand in'n Arm.

Dat Fazit is woll, dat is wohr:
Alleen sien is oft bannig swor!
Langwielig is dat up de Welt,
büst du up di alleen gestellt.
Darüm heff ick hier grad parat
för di nu dissen gauden Rat:
Taun Tietverdrieben dor brukst du
je eegentlich nur – een Mann, een Fru!

De Reis in de Kinnertied

Dat gifft in Vadderland een Urt,
all vierdig Johr bün ik dor furt,
heff ut de Og' em nie verluurn,
dor nämlich bün ik eens geburn.

Nu kümmt mi manchmol in den Sinn,
denn führ ik ganz alleen dor hin,
un gah ik denn dörch disse Stadt,
seih ik, wat sik verännert hat.

Buucht hemm se väl in disse Tied,
vör allem oewer na de Lüd
dor kiek ik ümmer wedder hen,
blot keenen kann ik mihr erkenn'.

Denn gah ik ümmer noch eis giern
dorhen, wo wi as Kinner wiern.
Ob noch de Appelböm all stahn,
ok dor hen wür ik noch eis gahn.

Üns har'n de Laubenpiepers ünner Wind,
so wie de Gören nu mal sünd.
Würd'n wie erwischt bit Äppel klau'n,
hett Vadder uns den Noors vull haug'n.

Ik gah up Wischen un up Wegen,
de afsiets vun mien Stadt gelägen,
ok na denn Diek mit siene Schwän
treckt mi dat jüstemang so hen.

Un denn in Holt an disse Stell',
wo früher wier de lütte Quell',
wo wi fast ümmer natte Been.
Ok hüt is dat dor wunnerschön.

So kümmt mi dat nu in denn Sinn,
dat ik so bannig glücklich bün,
wenn ut de Kinnerdach diss' Spur'n
sünd in mien Öller nich verlur'n.

So mak ick denn an dissen Flech,
all föftig Johr bün ik hier wech,
lang is dat her un ok so wiet,
ne Reis' in miene Kinnertied.

Gedanken tau dat Gedicht

Un an de Johr as wie noch Kinner wiern,
denk ik noch hüt besünners giern
an miene Oma un an Wihnachten,
an Winterstied un Swieneslachten.
Un allens wat wi hemm utfräten,
gor nicks heff ik dorvon vergäten.
Un disse schönen ollen Kamellen
möt ik de Enkels hüt noch oft vertellen.

För uns Mudding

Tau'n Mudderdach

Tau'n Mudderdach in jeden Johr
wür ik an Muddern ümmer denken,
un eer, dat is gewiss woll wohr,
mit Dank poor Blaumen schenken.

Mien Mudding lääft all lang nich mihr,
ik kann se ok nich drücken,
se licht up'n Kirchhoff in de Ier,
kann nur eer Graff noch schmücken.

Dock disse Verse, de heff ick schräben,
dat is an disse Stell vertellt,
för eene Fru, de in ehr Läben
twei Kinner sett in disse Welt.
Se is twors miene Mudder nich,
doch leif ik eer nich minner
ganz eenfach is doför de Sicht:
Se is de Mudder von mien Kinner.

Verkihrte Ihr taun Mudderdach?

Tau Ihr im Mai kamen blots de Müdder,
dat is för Vadders leech und bitter.
Ward dat för Muddern Blaumen gäben,
steiht Vaddern dösig man dornäben.

Ditt allens mi nich recht gefööllt,
wihl dat verkihrt is up de Welt.

Väl bäder un ok richtig wihr
an Mudderdach den Vadder Ihr.
De Kierl is de, dat si bedacht,
de ierst de Fru tau Mudder macht.

Niklas för Ehelüd

Dat ganze Johr lang, ümmertau,
schüffst Du mi wat in miene Schauh.
Een eenzig Mal, hüt ward dat sien,
schuf ik wat in de Dienen rin.

Diss Spruch, de gilt woll doch för jedet Por,
dat intauseihn föllt manch een schwor.
Hier sühst Du denn, ob Fru, ob Mann,
wer in de Eh' de Büxen an.

Kaken as uns Oma

In’t Kochbauk, dat so lang verstäkt,
heff ik Rezepte nie entdeckt,
de Oma hett dor rinnerschräben
un mi bether geheim sünd bläben.

Se wieren bi uns lang vergäten,
dorbi heff ik so giern dat äten,
wat Oma hett so allens makt
un wat se het för mi eis kakt.

Ok hüt dat noch besünners schmeckt,
wenn nah de Oma ehr Rezept,
ik af un an dat Äten mak
un miene Kinnertied ward wak.

An manch Geschicht, de all vergäten,
erinner ik mi denn bi’t Äten.
Und so een ganz besünneret Behagen
ergrippt mien Hart, nich blot den Magen.

Piepen

Fläut ik mal na ne hübsche Fru,
Maless giff't mit mien Olsch im Nu.
Se wiest mi, dat se ok gaut fläuten kann
und piept mi denn fuurts ornlich an.

Dat Zauberwuurt

Een Opa, wie dat man välmals find't
de exerziert mit sien lütt Enkelkind
un verklort em, wist du wat hebben,
mötst jüstemang ok „Bitte“ seggen.
Den Lütten ward nu so verklort,
dat „Bitte“ ist een Zauberwort.

Un in de Gaststuv eis bi't Äten,
de Jung, de hett dat Wuurt vergäten,
as hei denn wull noch wat tau drinken.
De Opa kiekt, ward mit de Ogen blinken.
„Dat Zauberwuurt“? fröcht he den Luftikus,
un wat kümmt trüch „Hokus pokus fidibus!“
(ne wohre Geschicht)

Een Vadder tau'n Mudderdach

Tau DDR-Tiet wier dat bitter,
een Fierdach gäft nich för Müdder.
In'n Sozialismus se den Dach nich kannten,
wiel dat de Nazis dormit öwerspannten,
so wier tau de Tiet so de Sak,
de achte März wier Frugensdach.

Nu na de Wend dor is dat so,
dor fiern Frugens krüzfidel un froh,
an 8. März ganz ohne Frach
taunächst eenmal den Frugensdach.

In'n Mai, an tweeten Sünndach, sünd se dorbi,
dor geiht dat wieder mit de Fieeri,
dor ward denn an de Frugens dacht,
de eis een Gör tau Welt hemm' bracht.

Ich slut mi ja den Glückwunsch an,
doch frach' as Vadder ik un Mann,
worüm bi Frugens tweemal so'ne Oort
un bi uns Kierls ward dormit sport?

As Vadderdach dor kriegen wi jetzt,
Himmelfohrt butts vör de Näs gesetzt.
So würd' een Fieertag, ganz ohne Frach,
ersatzwies nu tau'n Vadderdach.

Un dormit wedder is bewiesen,
wi Kierls, wi maken stets de Miesen!
Doch dit, dat sall uns nich erschüttern:
Een Hoch den Frugen's un den Müddern!
Denn dat een möt man ümmer seggen,
wie froh sünd wi, dat wi juch hebben!

Omas Kakbauk

Up'n Boen in eene grote Kist
een Bauk dorin verstäken ist,
een Bauk ut längst vergang'ne Tieden,
keputt, verstööft, doch väle Sieden.

Un wat ick dor heff uppertraben
is allens mit de Hand eis schreeben,
mit eene Schrift, de swor tau läsen,
de dunnemals is gang un gäf gewäsen.

Mit sihr väl Mäuh heff ick denn öwersett't
ut de vergang'nen Dach de välen Rezept,
de Oma hett vör väle Johr
up disse Wies hett upbewohrt.

Wat ik as Kind heff so giern äten,
und manchet wier all lang vergäten,
wür ik denn eis tausamenschrieben,
wiel allens süll erhollen blieben.

Gaut för't Läben

Mien Enkelkind will na't Abitur
een Johr na Indien gahn.
Wi keem's up dissen Infall nur,
ik künn dat nich verstahn.

Denn heff ik eis noch öwerlecht,
wi leech in Indien is.
Nu denk ik, dat is gor nich slecht,
för't Läben ganz gewiss.

Ik hoff man, dat eer't gaut geföllt
un dat eer nicks passiert.
So hett se denn von disse Welt
ok mal de anner Siet studiert!

Lang is se nu all wedder dor
un süht in unse Welt väl bäder klor.

Dank taun Mudderdach

Weil du twee Kinner hest geburn,
büst so Du eis tau Mudder wurd'n.
Dien ganzet Sinnen un Dien Trachten
wier stets blot – up de Görn tau achten.

Ierst Windeln üm dat lütte Noorslock bunden,
denn mit een Leed in'n Slap rinsungen.
Äten kakt, de Windeln wascht un putzt,
up dat dat Diene Gören nutzt.

Du hest Di inschränkt up Welt,
denn lütte Kinner kost' väl Geld,
ok Nerven, de dorhen gerafft,
un Arger oft un ok väl Kraft.

So kreechst Du Diene Kinder grot.
Bet eenes Dach's – wo keem dat blot? –
in't Läben wullten se nu gah'n
un up de egen Fäut woll stah'n.

Väl Leif doch ümmer dorbi wier
un Du würst ok väl simmeliern ,
is allens richtig, allens akkerat.
För Diene Görn stünnst äbenwech parat.

Un kümmst Du hüt nu tau den Schluß,
dat väl verkihrt, sie Di bewusst,
dat Beste harst Du stets in'n Sinn,
drum nimm dorför den Dank hüt hin.
Ok wenn de Kinner mal nich denken an,
so dankt denn Dien leif Ehemann

Ok een Ünnerscheid

Hürt eis een Kierl dat een Wuurt „Käd“ („Kette“),
so gelt dorup so gliek de „Weed“ („Wette“),
hei ward dorför de Düdung finn’n,
dat Veihtüch is dormit woll antaubinn’n.

Anners ward’n de Frugens denken,
eer Sinn geiht sofort an dat Schenken.
Von den, de eer in Leif is hold,
har’s giern ne lange Käd (Kett’) ut Gold.

So ward sik ok in sonne Dingen
so lang sik de Ierd woll dreiht –
de Ünnerscheid tau’n Utdruck bringen,
de twischen Mann un Fru besteiht.

Anmerkung:
Käd und Weed sind laut Wörterbuch richtig, allerdings im plattdeutschen Sprachgebrauch wohl unüblich. Deshalb könnte man auch die hochdeutschen Worte dafür einsetzen.

Dit un dat –
för jeden wat

Von Natur ut schick

In de Natur, dat is gewiss,
dat Männchen ümmer hübscher is,
in Form un Farf woll öwerlägen.
Dor ward ok keen een gägen räden.

Bi'n Minschen man nich seggen kann,
wer bäder utsüht, ob Fru, ob Mann.
Doch ward'n mit Di tau alle Tieden
doröwer alle Frugenslü strieden.

Un dat se nu tau'n Utgliek kamen,
dor war't Kledasch, Kosmetik nahmen,
de Body, de ward stranguliert
und mit väl Farf de Hor frisiert.

Wenn se denn vör di stahn, is klor,
dat Frugens schöner sünd, is wohr.
Wi laten de Naturgesetz denn stäken
un ward'n ok ni nich wedderspräken,
wi stimm'n unsern Frugens tau,
dat se so schick – und hemm'n uns Rauh.

SPORT

Ünnerscheidliche Sichtwiesen

Is et so fief, sös Johr dat Kind,
de Melktähn denn woll wacklich sünd.
De Kinners ward'n nich lang töben,
de Dinger möten denn an glöben.
Denn wenn Du so een Tähnlück' sühst,
weit jeder, dat Du Schaulkind büst.

Hest achter Di all föftig Johr det Läbens,
so hoffst Du mihrstens denn vergäbens,
dat Diene Tähn all blieb'n erhollen.
So is dat äben bi de Ollen.

Un so ward Di dat denn mallüren,
warst na und na Dien Tähn verlieren.
In Öller hest dormit Dien Lieden,
denn Arger maken stets de Niegen.
Ik sech dat kort in eenen Satz,
se sünd nu äben blot Ersatz.

Und de Moral von de Geschicht':
Wie ännert sick doch oft de Sicht.

So’n Mallür

De Abend wier so bannig nett
un dunn, dor lägen wi tausam in’t Bedd!
De Fru, sihr schmuck un wohlgebucht,
de wier mi gor nich angetrucht,
se har all eenen eegen Mann.
Dat kümmt mal vör, so dann un wann.

De Ogenblick, de wier so gaut,
un ik, ik har ok richtig Maut.
Ik wür eeren nakten Boddi spüren
un wull nu grad de Diern verführn,
denn de wier ok all bannig swach,
dor is’t mallürt – ik würd grad wach!

Dat wier fatal

De olle Graf, de slicht kann hüren,
ward liekers oft sik amüsieren:
Een Buddel Wien drinkt hei sihr giern
un af un tau ne lütte Diern.
As hei nu lat tau Hus eis keem,
de Deiner in Empfang em nähm.
„Na, oller Supsack, ward noch gahn?
Kannst hüt up Diene Been mal stahn?
Hemm Di de Nutten wedder afkassiert?“
Hei weit ja, dat de Oll nicks hürt.
„Ne, ne!“ secht dor de olle Graf,
„hüt wier ik ganz solid un brav.
Nu oewer warst Du Di verfieren,
Gerät heff'k köfft för't bäder hüren!“

De Bussenfründ

Een Bussenfründ, wie jeder weit,
een sihr, sihr gauder Fründ so heit.
Doch wie ditt Wort eis keem taustand,
dat is so richtig nich bekannt.
Doröwer lang ik simmelier
und keem tau dat Ergebnis hier:
So manch een Fru kümmt woll entgägen,
wenn twee Kierls eeren Bussen mögen.
Doch een kann nich den annern lieden.
so is dat woll tau alle Tieden,
Dorüm gah ick väl Johr taurüch,
manch Kinner harn bannig Glück.
Wenn't mit de Muddermelk hett hapert,
würd ficks sick denn ne Amme kapert.
So krägen denn de beid eer Kost
tausamen ümmer von een Bost.
In Kinnesöller, wi man weit,
so wat nu woll tausamenschweit't.
Und so würd dat denn woll ok kamen:
De eis ut een Bost Melk hemm nahmen,
de Fründschaft hemm se sick bewohrt.
So is de „Bussenfründ" verklort.

De bäten anner Balz

Wenn in de Natur sick in de Frühlingsjohrn
all de Viecher ward'n pooren,
is dat egal, ob lütt, ob grot,
aktiv sünd all de Männchen blot.

Ok bi de Minschen ist't wie bi de Dieren,
de Trend ward sick ok nich verliern.
Hier höllt dat blot dat ganze Johr lang an,
hier will ok ümmer nur de Mann.

Nur bi dat Schachspill is dat ümgekiert,
mit Buern, Turm un mit dat Pierd,
den König jagt de Dame behend
un wenn se em het – is't Späl tau End.

Ümmer noch een Problem der Einheit

An'n Arbeidsplatz in Düütschlands Osten,
dor sitten up den glieken Posten
een Ossi- un een Wessimann
un kiek'n sik siet de Wende an.

De Ossi is siet ganz väl Johren
in disse Arbeid hoch erfohren
un müsst den Wessi tau sik näh'm,
as de eis in den Osten keem.

De öwer hett vör Johren unverzagt,
ahn Hemmung dissen Wech gewagt
wiel hei bien Upstieg ganz na baben,
een ornlich Stück hett vör sik schaben.

De Ünnerscheid, de mang de beeden,
de ok den glieken Posten nu bekleeden,
un de ok beid sünd gliekgestellt,
de een verdeint hier väl mihr Geld.

So lang dat woll nich ward gelingen
up een Niveau de Sak tau bringen,
för glieke Arbeid gliekes Geld,
ist's üm de Einheit slecht bestellt.

PS:
Un ganz akrat is't so tau hollen
ok mit de Renten von de Ollen!

Dem Bundeskanzler Gerhard Schröder nach seiner Rede im Sommer 2001 in Jena zur Lohnproblematik Ost-West gewidmet.

Ergänzung 2020:
Dörtig Johr nu na de Wend
is disse Sak noch nich tau End,
un wat man wirklich nich kann glöben:
Wi im Osten sünd ümmer noch de Blöden!

De Bussenblick orrer richtig Kleedasch helpt ok

Een jeder Kierl, de kiekt woll giern
up eene dralle hübsche Diern.
Un mierstens geiht de Blick dorhin,
wat woll ward in de Blus in sin.
Un wenn man dor noch rinseihn kann,
treckt dat de Blicke noch mihr an.

Un dorbi is dat doch woll klor,
de Ursach licht vör väle Johr.
Denn wull een Kierl eis maken Kinner
wür hei tau ierst un dat woll ümmer,
de Bost de Frugens gaud beögen,
ob se för Görn nauch taun Sögen.

Ditt hett sik bi de Kierls erhollen,
ob dat de Jungen sünd orrer de Ollen.
Un wiel dat ut de Steentiet kümmt,
een Schuft, de Böset dorbi finnt.
Wenn Frugens dat denn nu nich mögen,
denn sall'n se uppassen bi't Kleeden.

Un de Moral von de Geschicht:
Dat Kieken is so slimm woll nich.
Dat kümmt mi dorbi in den Sinn,
een Kompliment kann't je ok sin.
So gilt dat allens abtauwägen
un sik nich öwer uptaurägen.

De Konfirmandenstunn

Vör'n Paster sitt'n hüt in grote Run'n
de Görn tau'r Konfirmandenstunn.
„Ich möcht woll, das ein jeder kennt
das Wichtigste vom Testament,
denn in vier Wochen ist es schon
für Euch die Kon-fir-ma-ti-on!
Und das Ihr wisst, wie es wird gehen,
werd'n wir uns mal die Kirch ansehen."

Heiner, Korl un all de annern,
de ward'n nu na de Kerk hen wannern.
De Paster ward vör'n Altar vertellen,
woans se sick hemm uptaustellen
un wi dat geiht mit'n Abendmahl:
„Was Ihr bekommt, schluckt einfach dal,
un nur nen lütten Schluck vom Wein,
denn der wird Euch nicht dienlich sein!"

Kirche

Und wiel se sik so gaud benahmen,
ward em nu noch de Infall kamen:
„Wir können auf den Turm noch geh'n,
so könnt Ihr dann von baben seh'n
den Blick auf Eure Heimatstadt,
den keiner schon gesehen hat!
Und außerdem da in die Höh'
ist man auch in des Gottes Näh!"

Hei schlöt de Dör taun Turm nu up
un all marachen jüst na baben rup.
De Paster as een'n ollen Mann
geiht na de Kinner – achteran,
un wat hei vörher hett vertellt,
dat bi de Glocken ward sik upgestellt,
dat ward'n se denn ok innerhollen.
Se töben jüst nu up den Ollen.

Manch een ward bäten angst und bang,
kiekt hei dörch't Finster in dat Land
un as se mit de Finger an de Glocken
so ornlich warden dor gegen kloppen,
dor hürn se ok poor Glockentön.
Hier baben wier't doch bannig schön.
Doch lang könen se sik nich besinnen,
denn geiht't all wedder dal na ünnen.

Baben wür de Preister noch verkünnen,
dat se na Hus gahn, wenn se ünnen.
Doch twei, de Korl und ok de Hein,
de har'n ünnen noch wat seihn.
De Preister har den Schlötel woll vergäten,
de wür noch in de Dör instäken
und butts keem eer dat in den Sinn,
se schluten in den Turm em in.

De Preister kümmt de Stufen dal
un stellt nu fast, up eenenmal,
hei kümmt nich rut, tau is de Dör,
un buten steihn noch weck dorvör.
Hei ward nu betteln un ok bitten.
„Lasst mich hier drinnen doch nich sitten!“
Hein antwuurt em, de Stimm verstellt er:
„Bist Gottes Sohn Du, hilf Dir selber!“

Die Beiden würd’n na Hus nu rönnen,
de Turmbesichtigung güng so tau Enn’n.
Un ungefihr so na ne Stunn,
de Katechetin hett den Paster funn’n.

Disse Geschicht sall wohr sien, se vertellte man in de föfftiger Johr in Gabusch. Een von de Görn har den ollen Preister Kaminski in den Kirchturm inschloten und em denn ok secht, wi hei wedder rutkümmt.

Hier heff ik noch parat,
wat von de Lüd, de up de Strat

Dat hett hei arwt

Wi dat so af un an passiert,
as se mal dörch de Stadt spaziert,
dröpt öwerraschend Mutter Plath
de Lihrerin grad up de Strat.
Nadem se „Gauden Dach“ sik seggen,
würn in dat Tüch se sik dor leggen,
wat wier dat dor för een Geraster,
dor up de Strat, up't Koppsteenplaster.
De Lihrerin gifft tau verstahn:
„Mit eeren Söhn ward gaut man gahn.
Plietsch is hei ja all ümmer west,
doch nu, nu is hei unser Best!
Sien Wissensdöst is riesengrot,
von wecker het eer Söhn dat blot?“
De Mudder Plathen öwerlecht:
„Dat is ja allens gor nich slecht.
Dat mit dat Wissen, dat hett hei von mi,
von Vadder mihr den Döst, de Superi!“

Halfehelich

As Paul nu in de Schaul is kamen,
dor frögt de Lihrer na den Namen
und wie denn siene Mudder heit
und wat hei süs noch allens weit.
So na ne Tiet – Paul öwerlecht:
„Ik heff Se noch nich allens secht,
denn dat, dat weiten Se noch nich,
ik bün nämlich halfehelich!“
„Dat heff ik nu partu nich wüßt,
vertell Dienen Lihrer, wat dat ist.“
Hei ward nu up de Antwuurt töben.
„Dat is man so, Se koen'n dat glöben,
leddig is mien Mudder all de Johr,
verheurad't mien Vadder, ist't nu klohr?“

Dat Hinkebeen

De Chefarzt löpt bi de Visit,
un ok Studenten lopen mit,
tau de Patienten in de Zimmer
un mit dorbi is ok Hein Brümmer.
Nu keemen se an bi eenen Mann,
de nich mihr so recht lopen kann.
De Kierl in't Bedd, dat wihr so een,
de har een scheifet Wadenbeen,
un von sien Been ward mit den Linken
hei bi dat Gahn nu ümmer hinken.
Up't Röntgenbild künn man dat seihn,
de Dokter wiest dat nu ok Hein:
„Na, Brümmer, wat würd'n Se bi disse Saken,
villicht denn dorbi nu woll maken?"
Bevör nu Brümmer denn wat secht,
hei ierstmal richtig överlecht:
„Ik glöw" secht hei „und stell mich vor,
ik wür ok hinken, Herr Doktor!"

De schöne Dach

Oll Heiner Schmal steiht jeden Dach
an Morgen up so gägen acht
un ward denn ut dat Finster kieken.
„Nen schönen Dach“ secht hei tau Fieken
„eenen schönen Dach is wirklich hüt,
dor buten gahn ok all de Lüd.“
„Wat Du dor na de Lüd all kickst,
stiech Du man ierst in Diene Büx!“
un Fieken mökt nu mit em Krach.
„Wat een Getün, so’n schönen Dach!
Dat brukst Du mi nich extra seggen,
dat wi eenen schönen Dach hüt hebben!“
„Doch, doch“ secht Heiner tau sien Fru
„denn nülich tau mi sechtest Du,
ick bruk Di gor nich mihr tau bitten,
een’n schönen Dach’s lötst Du mi sitten.“

Keen Verwennung

Hein Timm licht hüt nu wedder mal
in't Bedd bi Fründin Emma Pahl.
Se hemm sick wedder eenmal drapen
un jedet Mal is „Polen apen".

Un lägen se in't witte Linnen,
künnen se partu keen nich Enn finn'n.
Wiel se nu all so lang bi't Schmüstern,
wür dat dor buten ok al düster.

Dorüm hüppt Hein nu ok ganz ficks
ut Bedd herrut un in sien Büx.
De Tiet hett wedder hei vergäten,
tau Hus täuft siene Fru mit't Äten.

As hei nu gahn will ganz im Nu,
„Nimm mi doch man tau Diene Fru!"
de Emma dunn dat tau em secht.
Den Hein, den ward up eenmal slecht:
„Wat sallen denn nu disse Saken,
wat sall mien Fru mit Di woll maken?"

Een gaude Uträd

De Moritz güng nu all dat föfte Johr
tau Schaul un dat, dat föllt em gor nich swor.
Un wiel hei nu de Best von allen,
so wür hei ok de Dierns gefallen.
Wi dat so is, ok hei müçht girn
de lütt Madleen, de söte Diern.
Tausamen up den Schaufhoff stahn,
un ok mit ehr na Hus denn gahn,
tau tweit is ok de Wech nich wiet.
So geiht dat all ne lange Tiet.
An eenen Dach secht nu de Diern:
„Leif Moritz, ik heff di man alltau giern!
Ik hoff, du hest ok nicks dor gägen,
ik will di man een Säuten gäben."
De Moritz denkt, hei hürt woll slicht,
partu wull hei dat Küssen nich:
„Nu täuf man af, dat rad in di,
bet dat Corona is vörbi!"

(Dat is ne wohre Geschicht)

Dat Problem

An Morgen früh so up de Strat
dröpt Hilde Klein de Erna Plath.
„Wi hemm uns all lang Tiet nich seihn“
so freugt sick denn ok Hilde Klein
„wie ward Di dat denn nu man gahn,
is denn Dien Kierl noch bi de Bahn?“
„Ja nülich wier hei von Schwerin
mit siene Lok bet hen na Wien!“
De Hilde kiekt un kann’t nich faten:
“So ganz alleen ward hei Di laten?
Ümmer alleen so’n lange Tiet?“
„Dor gifft dat wenigstens keen Striet!
So leech is dat deshalb ok nich,
tau Hus ik em nich sihr vermiss!“
kümmt dat von Erna nu taurüch,
„denkst Du denn woll, ik grusel mich?“

„Nie is hei dor, is dat nich slecht,
wi kümmst denn mit de Leif taurecht?“
„Och,“ secht nu Erna „miene Ängste sünd,
ick kriech dorbi denn noch een Kind.“
„Wenn Dien Kierl mit sien Lok ward rümkutschieren,
wi sall denn dorbi wat passieren?“
„Dat is dat man“ secht nu Fru Plathen,
„mien Oll hett sick – sterilisieren laten!
Wenn hei up Reisen un denn wat passiert,
wat meinst Du, wie hei sik verfiert.“

Dat kümmt dorvon

Por Dach verreist wier Heiner Timm
un trudelt unverhofft nu wedder in.
Dunn süht hei, dat de Dackstauhl brennt.
Hei löpt in't Hus, sien Olsch de pennt.
Se licht dor in de witten Linnen.
Will sik gor nich taurechtens finnen,
wiel se so deit, as wenn se slöppt.
Hein bölkt ut vuller Kähl un röppt:
„Man ficks, man ficks, stah ficks man up,
dat Hus dat brennt, wi möten rut!"
As se nu ut de Dör rutrammeln,
ne männlich Stimm in't Schapp ward
stammeln:
„Ji könnt doch nich von dannen rönnen,
denkt an dat Schapp, dat ward
verbrennen!"

Bi't Golfen

Korl Timm wier nu eis wedder mal
bi't Golfen hüt mit Heiner Schmal.
As se nu an den Afschlach stünnen,
künn Heiner nich de Stellung finnen,
bi de hei denn den lütten Ball,
de doch in't nächste Lock rin sall,
denn woll am besten drapen wür.
„Wi stahn all tein Minuten hier!"
secht nu Korl Timm „lütt bäten flott,
kam doch nu endlich mal tau Pott!"

Denn Ball ward Heiner noch eis leggen
un denn tau Korl wür hei dat seggen:
„Du pass man up, dor steiht mien Fru,
die guckt mich heute einmal zu!"
Dorup kümmt prompt nu von Korl Timm:
„Bi Diene Schläch ik sicher bün
un de Entfernung – dor dröppst Du
doch ganz bestimmt nich Diene Fru!"

De ümfallen Schauh

Korl wier nu so wie ümmer mal
up een Glas Bier in'n Stammlokal.
Un wiel hei Döst har, dann noch een,
as denn de Heiner in den Krauch rin keem.
„Mien Döchting hett een Söhn hüt krägen,
dor will ik man ne Lach up gäben,
dormit de Lütt ok pullern kann!"
Se stöten up den Enkel an.

Un up de Kinnerkriegeri
güng't wieder mit de Superi.
As Korl nu gägen Meddernacht
alleen denn so na Hus maracht,
güng't man so grad noch mit den Wech,
nur mit dat Lopen wier dat slecht.

Ok wenn du dun büst, kümmst du irgendwann,
noch ümmer gaud tau Hus woll an.
So hett hei sik in'n Slapstuv funnen,
sien Fieken slöpt all een, twei Stunnen.

Und dor up eis in Düstern, ahn dat Licht
verlöt em doch dat Gliekgewicht.
Hei föllt butts üm, makt Fieken wak.
„Wat is hier los, wat sall de Krach?“
geiht se up eeren Ollen dal:
„Wat Du dor mökst, verklor mi mal!“
„Mien Schauh“ ward hei nu tau eer lallen,
„mien Schauh sind äben ümgefallen!“
„Geiht gor nich an!“ mökt se sik bös
„Dien Schauh, de maken so’n Getös?“
„Jo, jo,“ secht Korl „dat is man schlimm,
ik stünn jo in de Schauh noch in!“

De Organverschiebung

Eenmal de Woch dor drapen se sik ümmer.
An'n Stammtisch sitt dor Lud'n Brümmer
mit Krischan Schmal und Plathens Hein
an Sünndachmorgen so Klock teihn.
Bi Bier un Koem ward denn vertellt,
wat't Nieget gifft up disse Welt,
wat von de Politik so intressiert
un wat so is tau Hus mallürt.
Doch Hein drinkt hüt keen Alkohol!
„Wat is mit Di, is Di nich woll?
Hest mit Dien Ollsch tau Hus Maless?
Mökt de mit Di all wedder Stress?
Orrer slöcht Di dat Wäder up'n Magen?"
ward Krischan nu den Heiner fragen.

„Bi'n Dokter bün ik nülich wäst,
mit mi dor steiht dat nich tau'n Best!
Hei hett mi secht, de Superi,
dat is nich gaud, dat schadet mi!
Organverschiebung hett hei ok noch secht,
Ji seiht, mi geiht dat würklich slecht!"
„Organverschiebung? Wat för ne Malleri!
Und allens dat blot von de Superi?"
ok Lud'n kann dat nich verstahn
und pliert den Heiner nu so an.
„Je," secht de dorup, „dat is so un twors
mien Läwer is total in Noors!"

Stammtisch

Wekker is de Tweite

Dat wier nu sünndachs wedder mal.
An Stammdisch sitt dor Krischan Schmal
mit siene Frünn' un dischkutiert,
wat in dat Dörp wier all' passiert.
„An'n Fridach is dat je woll wäst,
ich heff dat in de Zeitung läst,
vertellt als Ierster Plathens Heiner,
„von uns da güng nu wedder einer!
De olle Lang'n, je, de is dot nu bläben,
den möten wi't Geleit woll gäben!"
Und Lud'n secht: „Dat is woll wohr,
doch liekers ist mich een nich klor,
wer is dor denn noch starft, de Tweete,
alltau giern ik dat man wissen täte."
„Wo hest dat hürt, dat geiht nich an,
dor starben doch nich gliek twee Mann."
mischt sik nu Krischan ok mit in
„dat heff'k nich hürt, dat kann nich sin!"
„Doch, doch," secht Lud'n, „mötst sülben kieken,
ich heff dat läst un ok mien Fieken,
denn in'ne Zeitung stünn doch weiter
mit em güng unser besten Mitarbeider!"

Vör de Wahl

Hüttaudachs dor mökt et sik,
för de, de giern wöll'n in de Politik
un denn ok wat tau seggen hebben,
den Wähler ni de Wohrheit seggen.

Sihr oft ward so dat Volk betrogen
un alle näslang ok belogen.
De Politikers is dat egal,
wenn't üm den Sieg geiht bi de Wahl.

Drum rad ik die bi alle Wahlen,
kiek hen, bi wem du't Krüz warst malen!

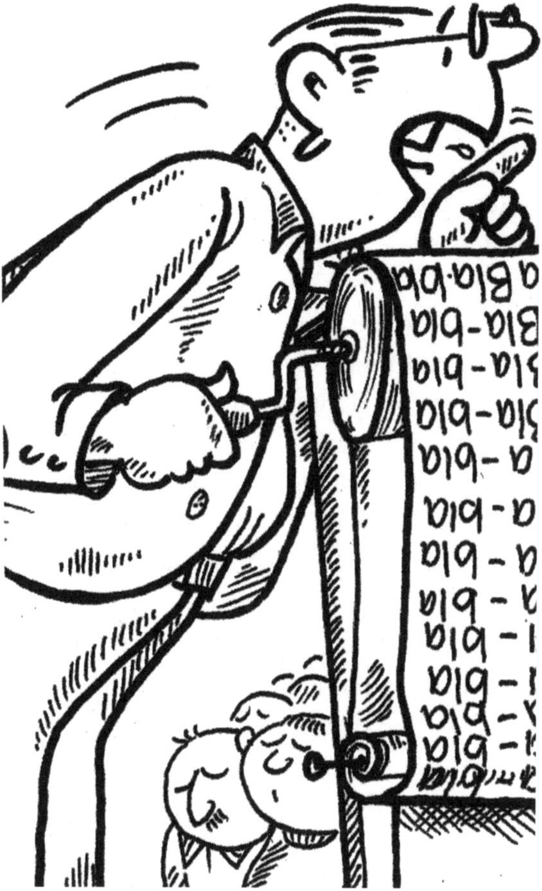

Dat is ierst Pech

Hüt sünd se nu all wedder kamen
und sitten hier in Krauch tausamen,
de de an den Stammdisch hier
an Sünndachmorgen drinkt eer Bier.
Dorbi ward denn vertellt,
wat all passert up disse Welt
un ok wat so tau Hus mallürt,
ward in de Rund'n dischkutiert.
So secht denn Hein: „Heff ik een Pech,
dree Dach is all mien Olsch nu wech!
Se hett de Kittelschört afbunden
un is denn butts up eens verschwunnen!"
De Fiete drup: „Is dat denn schlecht,
du kümmst doch ok alleen taurecht?
Kannst maken, wat du ümmer wist,
wenn du alleen tau Hus nu büst!
Stell di vör, di geiht't wi mi,
ik sech man, denn verfierst du di,
fief Wochen wier mien Fru woll wech,
nu wedder dor, dat is ierst Pech!"

Läuschen nu von dit un dat,
un sülfstverständlich ok up platt

Gender orrer de Sak mit de Gliekstellung

„Gender-Mainstreaming“ – ümmer wedder hürst du disset Wuurt. Ik wüsst dormit nicks antaufangen. Also heff ik bi Google rinkäken un söcht, wat dat woll bedüden wür. Un dor steiht, dat dormit versöcht wart, de Gliekstellung von de Geschlechter hentaukriegen. Un dat läs ik nu und denk dorbi an den Mudderdach, den tweeten Sünndach in’n Mai, wo wi Kierls ümmer Blaumen för de Frugens köpen sallen. de achten März wier ja all so’n Dach. Un denn kümmt noch hentau, dat de Frugenslü von uns Kierls ok noch möglichst an jeden Sünnabend een por Blaumen hemm wölln. Un geihst du mal inköpen, fragens di denn ok noch: „Hest woll gor nich an mi dacht? Öwer wat Säutet har ik mi freugt!“ „Ik denk Dach un Nacht an Di!“ is denn ümmer mien Antwuurt. Dat mach se nich lieden, wenn ich dat sech. Öwer wer denk denn an uns Kierls, wi hemm keenen, de an unse Gliekstellung denkt un sik dorüm kümmern ward. Wi hemm nich mal

eenen Vadderdach, dor hemm se eenen Dach von de Kirch nahmen, Himmelfohrt. Ik denk ja nicks Schlechtet dorbi, öwer manch een Fru wünscht sik woll an dissen Dach, dat de Oll na de väle Superi man glik af geit – na'n Himmel führt.

Dat mak ja allens richtig sien, öwer een lütt bäten Bammel heff ik. Woans ik noch denk, is, ik heit Hasselmann. Un eenes Dachs kümmt noch een von dat Gliekstellungsamt up de Idee, dat dat för mien Fru öwerhaupt nich geiht und ward vörschlagen, dat de Frugens, bi de de Nam up –mann endet, sik glieks de Endung – fru tauleggen möten. Ik mücht mal weiten, wat mien Wief dortau secht, wenn se up eenmal „Hasselfrau" heiten ward.

BINO – wat wier denn dat?

Hüttaudachs kenn'n de jüngeren Lüd „BINO" nich mihr, weiten ok nicks dormit antaufangen. Wi Ölleren, de in'n Osten von Düütschland läft hemm, könen uns öwer villicht sogor noch an der Geschmack besinnen. „BINO" wier de Spieswürz, de dat in lütt Buddels öwer ok as Bräuhwörpels orrer Bräuhpast gäben hett. Dat wier sowat as hüttaudachs Maggi. Wat ik nich wüsst un ierst in dat Internet bi „google" funnen heff, dat wier de Nam von „BINO", woans de herkümmt. Dor läs ik, dat dat von den Urt kümmt, wo dat dormals makt wür: Bitterfeld-Nord. Dor gäf dat dat Elektrochemische Kombinat un de hemm dat as Konsumgüterproduktion, dat wier een Tiet lang de grote Masch in de DDR, up'n Markt bröcht.
Manch een künn dunnemals ahn dat Tüüchs gor nich kaken. Schlimm wier dat in de groten Köken, dor wür ümmer ornlich wat in de Soß orrer in dat Mankkaaktäten rinner pladdert. Hest ok sofort schmeckt orrer sogor roken. In mien

KOCHE MIT
WÜRZE MIT
Bino
Mensa
VEB Bitter

Studententiet müsst ik ümmer sowat äten in de Mensa äten, dunn stünn up de Disch ok ümmer noch so'n lütt Buddel „BINO". „Koche mit Liebe, würze mit BINO" – dat wier de Werbeslogen för de Spieswürz. As ik verheurat wier un wi uns ierste Wahnung harn, keem ok mien Fru mit so'n lütt Buddel an, har se inköfft. Se wull woll mit Leef kaken. Se künn öwer nich so richtig kaken un wür mi vertellen, se brukte dat för't Äten. Ik heff eer denn verklort, woans man een richtig Speckstipp un ok Supp maken wür. Een por Speckwörpel, Zwiebeln, lütt snieden un dat mit dat Fleesch anbraden, un von dat, wat denn in de Pann is, ward mit Wader, Boddermelk orrer sure Sahn, een lütt bäden Mehl, Solt un Päper de Soß makt. Un de lütt Buddel wier de ierst un ok de letzt, de wi in uns Kök harn. Intwischen kann mien Fru bannig gaud kaken un brukt ok hüttaudachs keen Maggi dortau. Un ik weit, se kakt ok hüt noch ümmer mit väl Leef – un dat ahn dat „Bino" orrer Maggi.

Dat harn wi doch all eis

Dor läs ik in de Zeitung, dat dat nu in Düütschland all tausamen öwer dreidusendfiefhunnert MVZ's gifft, vör allem in Hamborg un in Thüringen. Een MVZ is een „Medizinisches Versorgungszentrum". Dat is mit de Ännerung von'n Gesundheitsgesetz ierst 2003 inführt worden. Dormit sallen de Krankenhüser de Möglichkeit bekamen, mihr ambulante Behannlungen dörchtauführen. Bi uns hier gifft dat mihrere Hüser in de so een MVZ ünnerbracht is. Dor find'st mihr Arztpraxen up eenen Hupen. So is dor de Urologe, de Husdokter, de Lungen- un de Hutarzt. Un in dat een is ünnen noch een Apteik. Ik glöw binah, de Afreknung von de ganzen Dokters geiht öwer dat Krankenhus und so könen dormit ok noch Kosten insport warden.

Wenn ik mi dat genau ankiek, denn harn wi dat bi uns in Osten dunnemals all so. Wi harn de Polikliniken, de wiern akrat dat sülbich. Öwer mit de

Weddervereinigung 1990 müsst dat ja afschafft warden. Disse Oort, all de Dokters up eenen Hupen in een Hus, dat güng nich. So hett sik denn een jeder Arzt sien eegen Praxis nie upbugen müsst.

Up eenmal stellt een klauken Minschen fast, wat wi dormals in de DDR harn, so leech wier dat gor nich. Un na un na ward dat wedder inführt. Un statt Polikliniken heit dat nu MVZ. Dat har man sick ja woll ok all tau de Wend öwerleggen künnt

Wat sick de baben in de Regierung noch nich öwerlecht hemm, dat ok manch anner Saken in de olle DDR gor nich so leech wiern. Do geef dat ok Minschen, de sick nich ümmer von de Partei hemm lenken laten. So hoff ik un töw dorup, dat een mal öwer dat Schaulsystem nadenken wart. Villicht kümmt hei mal up den Trichter, dat dat Schaulsystem von de DDR bäder wier. De Finnen hemm dat all mitkrägen un maken dat so. Wat is dat för een Schiet mit de Bildung bi uns. Jedet Bundesland hett sein eegen System, dat denn öwer nich mit de annern richtig tausamen passt. Un de Pisa-Studie wiest dann ut, wat för een Ergebnis dorbi rutkamen würd.

Mi blifft nicks anners öwrig, as tau hoffen.

Nu ward sik hensett!

Dat wier Enn'n von de sömziger Johr, wi wiern mit de ganze Fomilie mit unsern lütten „Trabbi" ünnerwägens. Dat hemm wi tau de Wochenenn' öfters makt – wi sünd irgendwo henführt un hemm uns irgendwat ankäken.

So wier dat ok an dissen Dach. Nu keemen wi wedder na Hus, dat möt öwer ne längere Fohrt wäst sien, un wi dat na so ne lange Reis nu man is, wi möt all ut de Büx, dat heit, wi möt all mal up dat Klo.

In uns Niebuwahnung harrn wi öwer man een Bastuv un dor wier man ok blot een Klo in. So harrn wi all in't Auto fast lecht, dat de Lüttst as de Ierst pullern süll. Un dormit dat fixer geiht, süll de Vadder man gliek mit. Wi beid künn'n ja man ok neben einanner stahn, dat geiht bi de Kierls und is ja woll ok keen Problem. Wi stahn nu an dat Klo, hemm de Brill hochklappt un uns Söhn, hei wier damals woll so fief orrer sös Johr olt, halt sienen lütt'n Zippedäus rut un pullert in groten Bagen öwer den Rand wech un mi grad man up miene Büx. Ik wier noch gor nich anfungen, dor wier mien Büx kladdernatt. De Schaden wier nich grot, schön wier't öwer nich grad.

För uns Mudder wier dat nu öwer wat. Na dem se ok up'n Pott wier, wür se ehr dree Kierls tausamenraupen und wi krägen nu de Leviten läst. Dat wi bi uns Pinkeli in Stahn ümmer up dat Klo, de Brill un ok dornäben pullern un se dat ümmer wech-wischen möt un dat dat ok ümmer bannig stinken wür. „Ab hüt sett ji juch bi't Pullern up de Brill!", dat wier ehr letztes Wuurt.

Un deswägen sett ik mi ok hüt noch tau Hus bi't Pullern hen, ok wenn keen mihr dor is, de mi nattpinkeln deiht.

Nieder mit diesem Staat

Dor goh ik nülich dörch de Stadt un seih een ollet Hus, dat de Besitzer mit niege Farf anmalt hemm, sech gaud ut un passt ok in de Reich von Hüser, de in de Strat stün'n. Dree Dach later keem ik wedder vörbi, dunn seih ik, dat so'n Schmierfinken mit een schwatten Stift an dit Hus anschreben hett „Nieder mit diesem Staat“. Dor frach ik mi, wat sall dat, wat will de Schriewer dormit bezwecken, hett hei dorbi ok woll een lütt bäten nadacht? Taun Iersten: Wat wür hei woll seggen, wenn man em sien Auto orrer Motorrad mit witte Ölfarf anmalen orrer irgendwat dran schrieben wür. Ik glöv, dat wier em ok nich recht un hei wier bestimmt suer. Taun Tweiten un dat is noch väl schlimmer: Wat sall disser Text, will hei wirklich dissen Staat abschaffen? Mücht hei dat in allen Iernst? Ik wür giern mal mit em räden un em fragen, in wekker Staat hei denn giern läben wull. Ik jedenfalls bün froh un taufräden, dat ik in Düütschland läben kann!

Mallür bi't Swienslachten

In Mäkelborg ward ümmer secht, dat de dree schönsten Feste in't Johr Wihnachten, Ostern und Swienslachten sünd. Un ok bi uns geef dat jedet Johr so een Fest und dat wier ümmer in de Tiet vör Wihnachten, mancheis ok dorna.

Uns Swien kregen dat Johr öwer ümmer gaud tau fräten un vor allem ok ümmer de Reste von dat Bier, de so af un an in de Gläs noch in wiern oder dat Bier, wat morgens awschenkt würd. Leech wier dat mit Schrot, een lütt bäten brukten de Swien, öwer dat kreech man slicht un dat wier ok bannig düer. Dor kregen de Swien äben Brot, dat wier inne DDR billig. Erwischen dörfst di dorbi nich laten, denn güng dat aw tau'n Kadi. Öwer up disse Oort un Wies wür'n uns Swien denn öwer't Johr ok slachtriep.

Slacht wür bi uns in de Waschkök. dat wier nich wiet wech von'n Stall. De Waschkök wier schön grot un dor wiern ok twee grote

Waschkätels för dat Heitwader, wat man dorbi bruken wür. De Slachter wier Fiete K. In de Wintertied wier hei in uns lütte Stadt woll de Eenzigste, de tau de Husslachteri na de Lüd gahn wür. Hei keem und hett dat Swien dod schoten, dorna hett hei dat Diert awstoken, dat heit, an Hals, an de Kähl ward de Slagader ansneden un dat Blaut, dat denn rutsprütt, dat wür in een Schal upfungen. Dat Blaut brukt man tau de Blautwust. Denn würd dat Fell aftrocken. Eegentlich bliwwt dat ja an de Specksieten an, öwer inne DDR güng dat nich. Swiensledder hett de Staat för de Schauindustrie brukt. Nu kem dat Swien denn up de Slachtledder, dat heit, de Hinnerbeen würn baben antüdelt un de Ledder mit dat Swien anne Wand stellt. Wenn dat Swien nu an'n Buk von baben na ünnen upsnäden ward, kannst allens von binnen ruthalen. Un dat ward ok allens brukt, nicks ward wechschmäten. Dann käm noch de Trichinenbekieker und in de Tied, wo hei dat ünnersäuken ward, müßt dat Swien utkäuhlen. Bi uns wür denn de Ledder mit dat Swien up'n Hoff stellt, et wier ja Winter un ok kolt.

Bi det eene Swienslachten keem nu Fiete na etliche Stunnen wedder, hei wull und müßt je nu dat Swien uteinanner haugen. Öwer Fiete wier all so'n lütt beten dun, hei har sik bi de anner Swienslachterie all ollich eenen antüdelt. Also Fiete wür nu ünner de Ledder krupen, üm sik dat Ding up dat Krüz tau nehmen. So wull hei dat

Diert wedder in de Waschkök bugsiern. As hei nu de Ledder up't Krüz har un dormit losmarachen wull, leech hei bi den iersten Schritt mit sammt de Ledder un dat Swien in Dreck. Hei keek twischen Ledder un Swien rut un har genau so'n dömlichen Blick as dat dodige Swien. Ik har den Indruck, hei wier am leivsten dor ünnen bläben. Nu öwer hett uns Oma Fiete de Leviten läst. Mit vereinten Kräften wür nu dat Swien rinbröcht un up denn Kökendisch leggt. Alle kregen een von Fiete sienen scharpen Messers, de Dreck un de Sand wür afkratzt. Dat wier ne schöne Beschäftigung, von dat Fett denn Sand afklaren. Eene Sak wier för mi dunnemals nich so recht tau verstahn, Fiete wier nah sienen Afgang mit dat Swien up eenmal wedder total nüchtern, as har he gor nicks drunken. Villicht leech dat ok an dat Getodder von mien Oma.

So hett dat Swienslachten in dat een Johr länger duert as sünst, öwer an End wier liekers allens so as ümmer.

Ratslag för de Ollen

Eenes Dachs is dat so wiet, du mötst nich mihr tau Arbeit, kannst tau Hus blieben. Du bist nu in dat Öller, wo di de Staat dien Läben finanziert. Ok wenn dat, wat se di as Rent betahlen, infach tau wenig is. Du sittst in dien Stuv un geihst dien Fru up'n Geist. In de ierste Tiet is dat ja noch taun Uthollen. Du möSkst allens dat, wat liggen bläben is, putzt dat Fohrrad, rümst den Keller up un all so'n Kram. Öwer denn, denn wart dat tau Hus langwielig. Gaud is't, wenn du wat taun Tietverdrieben hest, up hochdüütsch heit dat een „Hobby" un du kannst an een

Dach in de Woch verschwinnen, geihst in dienen Verein, geihst taun Kegeln, taun Skat spälen orrer taun Singen. Mal anner Gesichter seihn, dat is gaud un helpt di. Kannst dorbi ok mancheis dienen Frust afreagieren. Wenn du öwer früher nicks makt hest, is dat leech. In Öller noch wat Richtiget tau finn'n, dat gelingt man swor. Öwer wat du maken kannst, dat is, du fangst an tau schrieben. Sech nich gliek, dat kannst du nich. Schrieben kann hüttaudachs doch een jeder, dat hest in de Schaul lihrt. Dat möt ja nich gliek een Roman orrer Gedichte sien. As mien Vadder dod bleeben is, Mudder har all vörher de Ogen taumakt, har ik an mien Öllern noch so väl Fragen öwer uns Fomilie un keen künn mi de mihr beantwurten. Keen wier mihr dor, de mi wat vertellen künn. Ik heff jo ok vörher nie nich fracht. Ok von mien Kinner kümmt hüt keen Frach wie dat in uns Kinnertiet orrer dorna wier. Dor heff ik dacht, dat mak ik anners. Ik heff mi hensett un bün anfungen, allens uptauschrieben. Bün bi mien Öllern, wat ik noch wüsst, anfungen, heff denn mien Läben aflopen laten, vör allem de DDR-Tiet. De hemm de Kinner ja nich so mitkrägen. Dit wier mi wichtig, wiel wi dat nich so licht harn un de DDR ja wech is, de gifft dat all öwer dörtig Johr nich mihr. Un mancheins is hüt nich tau verstahn, dat glöft di keiner mihr. Nu bün ik dormit fardig. Ik heff dat mit mienen PC schräben un up ne CD afspeikert. Un wat ik nich dacht heff, mien Gören hemm sik öwer dit Geschenk bannig freugt. Deshalb süll dat ok jeder een mal versöken.

För de grötstse Not

Dor läs ik doch während de Pandemie in de Zeitung, dat sik in de Kophall twee Frugenslüd in de Wull krägen hemm un sik prügelt har'n. Dorbi güng dat üm so'n por Rullen Klopopier. Dat Problem dorbi wier, dat ja all tau de Tiet verrückt spälten wägen dat Corona-Virus. Jeder een hett Bammel, dat hei dat kricht un denn ok för längere Tiet tau Hus blieben möt. Du hest denn so wat as Husarrest un dörfst öwerhaupt nich mihr rutgahn. Un wenn di so wat passieren deit, denn brukst du je ok äben Popier förn Lokus. Also mötst di indecken. Un up eenmal gifft dat keen mihr, de Lüd köpen as verrückt. Wo geiht dat an?
Un denn denk ik an de Tiet na den Krieg, as wi in de DDR ok keen Popier för't Schieten harn. Dat wier woll bet an dat End' von de föftiger Johr so. Dor wür sik mit Zeitungspopier uthulpen. Dat grote Blatt wür in Stücke snäden, nich so grot, süs späult dat in't Klo nich dal, un denn wür dat up eenen lütt Stripp upfädelt. Up disse Oort un Wies künnst dat anne Wand

bammeln un ok gaud afrieten. Wenn di dat tau hart orrer tau glatt wier, denn hest du dat Stück mang de Hänn' so'n lütt bäten tausamenknüllt. Un dat güng ok, müsst gahn, geef je nicks anners.
Und nu in de Tiet köften de Lüd soväl Klopopier, soväl künn'n se gor nich schieten. Dor vertellt een Fru, dat se sös Pakete tau Hus hett. Wenn du bedenken deist, dat in jedet Paket teihn Rullen mit je 100 Blatt sünd, denn sünd dat sösdusend Blatt. Brukst du för eenmal schieten orrer pro Dach söß Blatt, denn kann een Minsch 1000 x up „Tante Meier" gahn. Un wenn du noch een lütt bäten wieder räken deist, denn kannst du mit dat Popier, wenn du alleen büst, fast dree Johr schieten gohn, denn mötst di öwer jeden Dach wat afdrücken. Mancheis frachst du di, ob de Minschen noch klor bi Verstand sünd – alleen wenn du di dat Klopopierköpen een lütt bäten neger ankieken deist. Un in so'ne Tieden ward een jeder man blot an sick denken, villicht nich all, öwer väle. Dat Motto: Wenn jeder een an sick denkt, is ok an all dacht.

Wat sall dat allens?

Siet einiger Tiet gifft dat een niege Vörschrift von de EU wägen den Datenschutz. Ik bün je doför, dat mit dien eegen Daten lütt bäten vörsichtig ümgahn ward. Wat geiht anner Lü mien Geburtsdach, mien Wahnung un all sowat an. Öwer in de letzte Tiet, egal wo du henkümmst, mötst du ierstmal ünnerschrieben, öwerall un ümmer dat sülbich.

Öwer wat mi nülich bi'n Dokter passiert is, dat wier woll doch een lütt bäten tau väl. Fiefmal müst ik ünnerschrieben, allens up eenen groten Schien. As Ierstet süll ik bestätigen, dat se mi ünnersöken dörfen un tweetens dat se de Daten dorvon ok upschriben un in den Räkner speikern. As Nächstet wullen se weiten, ob se ok dat Ergebnis an mienen Husdokter gäben dörfen. Dat wier mi unklor, de hett mi doch dorhen schickt. Drüttens müst ik taustimm'n, dat se sik de Daten von de Klinik halen, von de, de mi operiert hemm. Denn noch een Ünnerschrift, dat se de Daten von de Ünnersökung ok an de Klinik gäben dörfen. Ik glöw, so wier dat. Ik heff ok gor nich mihr fracht, ik heff ünnerschräben un fardich wier ik.

Nu frach ik mi blot, wat sall dat allens? Un wat passiert, wenn ik eis dod bläben bün un heff nich ünnerschräben, dat ik in de Ier mücht? Wat passiert denn woll mit mienen Liev?

Nawuurt

Ik hoff, dat mien Riemels doch een jeden een lütt bäten gefollen hett. Se sallen di in den tristen Alldach taun Lachen orrer wenigstens een bäten taun Schmunzeln bringen. Du kannst dat Bauk – un dat hoff ik – ok nähmen un in de Fomilie orrer ünner Frünn' de een orrer anner Geschicht vörläsen. Worüm dat? Iersten kannst villicht anner Lüd dormit Freud' schenken. Öwer wat mi wichtig erschient, anner Minschen för disse schöne Sprak begeistern. Tau wenig snacken hüt noch platt, dat is beduerlich. Un wat hentau kümmt, noch veel weniger könen ok noch up Platt schrieben. Villicht versöcht dat nu – un dat wier mien Wunsch – doch de een orrer anner Mäkelbörger mal mit de plattdüütsche Sprak. Infach mal los snacken.
Un nu in dissen Sinn:
Ick snack platt, ick hoff, Du ok!

Horst Hasselmann

Wat in dat Bauk allens in is

Mien Muddersprak (Rudolf Tarnow)

Vörher tau läsen 7

Ratsläg kamen nu för Jedermann un Jedefru 11

Dat sast bedenken 12
Henfallen und upstahn 12
Sühst nicks? 12
In Inklang bringen 13
Falsche Tön 14
Wann kümmt Di een Kakbauk to pass 15
Vörwarts kieken 16
Wenn't Di nich gaut geiht 17
Ratslag för't Verlieren 18
Dörchhollen 19
Notwennigkeiten 20
Ratslag för de Eh' 21
Up und dal 22
Wie in'n Läben 22
Lütt Ursaken 22
Inne Gäng kamen 24

Öwer anner räden 25
Wi man mit Steen ümgeiht 26
– De Plastersteen 26
– Steen in Wech 26
– Wenn Du de Steen taun Anstöten büst 27
– Steen taun Rullen bringen 27
Noch een Ratslag 28
Nich afsupen 29
Dor mötst an denken 30
Ratslag för den Ehekrach 31
Gebot för Schwiegermüdder 32
Tauspruch 33
Tauversicht 33

Von Köter un Katt un von anner Veihtüüchs wat 35

Köter un Katt 36
Denk mal öwer na 37
Un de Rückwech? 38
Aal – Made in'ne DDR 39
Straf möt sien 40
De Stammbom 41
Nich so düer 42
Een Hundeläben 43
Dorup will ik henwiesen 46

De Fomilie, se un ik – öwer langet Eheglück 47

Een Mann, een Fru 48
De Reis in de Kinnertied 50
Gedanken tau dat Gedicht 53
Tau'n Mudderdach 55
Verkihrte Ihr taun Mudderdach? 56
Niklas för Ehelüd 57
Kaken as uns Oma 58
Piepen 59
Dat Zauberwuurt 60
Een Vadder tau'n Mudderdach 61
Omas Kakbauk 63
Gaut för't Läben 64
Dank taun Mudderdach 65
Ok een Ünnerscheid 67

Dit un dat – för jeden wat 69

Von Natur ut schick 70
Ünnerscheidliche Sichtwiesen 73
So'n Mallür 74
Dat wier fatal 75
De Bussenfründ 76
De bäten anner Balz 78
Ümmer noch een Problem der Einheit 79

De Bussenblick orrer richtig
Kleedasch helpt ok 81
De Konfirmandenstunn 83

Hier heff ik noch parat,
wat von de Lüd, de up de Strat 89

Dat hett hei arwt 90
Halfehelich 91
Dat Hinkebeen 92
De schöne Dach 93
Keen Verwennung 94
Een gaude Uträd 95
Dat Problem 96
Dat kümmt dorvon 98
Bi't Golfen 100
De ümfallen Schauh 102
De Organverschiebung 104
Wekker is de Tweite 107
Vör de Wahl 108
Dat is ierst Pech 110

Läuschen nu von dit un dat,
un sülfstverständlich ok up platt 111

Gender orrer de Sak mit de
Gliekstellung 112

BINO – wat wier denn dat? 115
Dat harn wi doch all eis 118
Nu ward sik hensett! 121
Nieder mit diesem Staat 124
Mallür bi't Swienslachten 125
Ratslag för de Ollen 129
För de grötstse Not 132
Wat sall dat allens? 134

Nawuurt 137

Der Autor

+ geboren 1939 in Gadebusch
+ Schulzeit bis zum Abitur 1957 EOS Gadebusch
+ Maurerlehre, Arbeit als Maurer in Gadebusch
+ 1960 bis 1963 Studium Bauingenieurwesen in Magdeburg, dann Bauleiter in Gadebusch
+ 1964 bis 1972 Fernstudium an der TU Dresden
+ 1965 Hochzeit und Verzug nach Thüringen
+ 1965 bis 1968 Bauleitertätigkeit, stellv. Kreisbaudirektor Weimar-Land, Stadtbaudirektor Weimar, Stadtrat Wohnungswirtschaft Weimar
+ 1968 bis 1984 wissenschatl Mitarbeiter am Institut für Bau- und Grobkeramik Weimar
+ 1984 bis 1986 am Ing.-Büro für Bauwesen Schwerin
+ 1986 bis 1990 Investbauleiter Interhotelneubau Weimar
+ 1991 bis 1992 Thür. Umweltministerium, Referent im Ministerbüro für Kabinett, Landtag, Bundesrat
+ 1992 bis 1994 Bürgermeister und Baudezernent Stadt Weimar
+ 1995 bis 2002 Projektleiter HOCHTIEF AG Erfurt
+ seit 2002 im Ruhestand
+ zwei Söhne, zwei Enkelinnen

CD-Box „De Plattfööt – Das Beste aus 33 Jahren“
Auf drei CDs sind die wirklich besten Plattfööt-Songs vereint. Dies ist die einmalige und ultimative „Best-of-Scheibe“ zum Schlusspunkt der beeindruckenden norddeutschen Musikerkarriere von Peter Wilke und Klaus Lass.

CD-Box „Sing mit uns im Norden“
Erstmals vereint diese Doppel-CD 88 Kinderlieder und Kinderreime auf Hoch und auf Platt, die in Deutschlands Norden beliebt und bekannt sind. Das umfangreiche CD-Heft enthält alle Texte zum Mitsingen und Mitmachen.